Ce que Disent les Lecteurs

"Ce livre est inspiré de Dieu et contient des versets qui prouvent la révélation de sa parole. Gloire Ndongala parle des histoires significatives qui l'ont conduit à apercevoir les contenus dans le texte. Il y a de "aha," de l'humour, et des moments des conversations profondes qui te poussent à continuer à lire. C'est un outil important, surtout dans ce temps présent qui est extrêmement fluide, qui nous rappelle comment esquiver l'ennemi avec la parole de Dieu."

Dr. Diane Bardee, auteur du livre "*Yesterday's Gone.*"

"Wow, wow !!!!!!!! C'est tout ce que je peux dire de ce nouveau livre. Pour comprendre les plans que l'ennemi est en train d'utiliser dans ce temps présent, cela demande une vraie compréhension prophétique. Ce livre est écrit pour un temps comme le nôtre, pour éclairer les guerriers de la prière afin d'être dans une parfaite position de se battre effectivement. En lisant ce manuscrit, J'ai senti le besoin de me positionner comme un guerrier. Si vous voulez vraiment avoir une compréhension claire sur comment l'ennemi travaille partout dans le monde aujourd'hui, croyez-moi, vous avez besoin de lire ce livre et c'est impératif."

"Un soldat attend avec impatience et prépare avec diligence pour le jour où il est appelé à se battre. *Un lion rugissant, un ange de Lumière* est arrivé et l'apôtre Gloire nous a donné un plan détaillé du combat provenant directement de la salle du trône de notre Roi. Il a identifié les points forts et les points faibles. Il a rendu plus facile à comprendre le plan de notre adversaire, et l'a fait d'une façon qui ouvre nos yeux spirituels au monde invisible auquel nous sommes confrontés. Peu importe où tu te retrouves dans cette bataille spirituelle qui fait rage, ce livre sera pour vous un porteur d'armes avec lequel vous marcherez jusqu'à la fin. Bon nombre de fois, ce livre vous fait passer d'une vitesse à une autre, ce qui vous propulse de plus en plus Profondément dans la bataille. Le dernier chapitre était aussi unique que puissant. Quel parfait livre pour un temps comme celui dans lequel nous vivons ! Si tu désires gagner le combat spirituel qui vient sur ton chemin, alors ce livre est ton ticket !"

"C'est une révélation, Gloire Ndongala a compris ce qu'il se passe dans notre pays [États Unis] et dans le monde maintenant. De plus en plus, nous sommes dans un combat spirituel intense avec des cris forts de déception de toute part. Le livre de Gloire nous aide à identifier les tactiques de l'ennemi de nos âmes pour que nous soyons en mesure de lui résister et séparer la vérité du mensonge."

Kimberly Winkowitsch, Master en *Arts in Elementary Education*, enseignant et auteur.

"A chaque livre que Gloire écrit, j'apprends et je grandis. Ce livre n'est pas différent des autres. Gloire n'a jamais ou peur de dire la vérité venant de Dieu, même si cela n'était pas une opinion publique parmi les chrétiens. C'est fou n'est-ce pas ? Que les chrétiens ne seront pas d'accord avec la vérité de Dieu. C'est exactement ce de quoi ce livre parle. L'ennemi sait comment pervertir la vérité et nous faire devenir ainsi alors que c'est exactement l'opposé de ce que Dieu nous a appelés à être. Ce livre pourra t'offenser, mais aussi te convaincre, te rendre humble, et te ramener proche de Dieu pour que tu tiennes debout contre l'ennemi ! EGLISE ECOUTE !

Britani Overman
L'éditeur

Un Lion Rugissant, Un Ange de Lumière

Un Lion Rugissant, Un Ange de Lumière

© 2021 Gloire Emmanuel Ndongala

Les versets utilisés proviennent de la Sainte Bible.

La bible version Louis Segond à moins que cela soit notifié autrement.

Les contacts de l'auteur :

Gloirendongala.com

Instagram : Gloire777

Facebook : Gloire Emmanuel Ndongala

TikTok : Gloire777

ISBN : 978-1-7373259-4-9

Publié par Gloire Emmanuel Ndongala

Table des Matières

Un Lion Rugissant, Un Ange de Lumière

Chapitre Un

Le Réveil

Il y a plusieurs manières de faire la guerre, comme on peut le remarquer avec l'avancée technologique dans ce monde. La guerre de ce temps moderne, même si c'est toujours la guerre, ça n'a rien de semblable à ce qui s'est passé il y a huit ans. Les stratégies tactiques ont déjà changé, mais l'objectif reste le même : *Détruire ton ennemi.*

Ceci est pareil dans le monde spirituel. Les chrétiens sont en train de faire la guerre en ce moment (Ephésiens 6 :12). La guerre, beaucoup de gens ne se rendent pas compte que c'est contre le diable. Le diable a ses propres tactiques qu'il utilise dans cette guerre contre l'humanité, avec le seul objectif de nous détruire. La Bible qualifie ses tactiques *de projet (desseins, BDS).* Paul écrit concernant les conflits qui se vissent à Corinthe :

"Or, à qui vous pardonnez, je pardonne aussi ; et ce que j'ai pardonné, si j'ai pardonné quelque chose, c'est à cause de vous, en présence de Christ, afin de ne pas laisser à Satan l'avantage sur nous, car nous n'ignorons pas ses desseins" (2 Corinthiens 2 :10-11)

Le mot "desseins" traduit en grecque signifie *methodeia*. Ce mot a une connotation intéressante. En quelque sorte, il représente une direction, "une façon de chercher quelque chose, une demande, une méthode."[1] Cela veut dire que c'est un mauvais plan déjà élaboré pour amener une personne à la destruction.

Le diable n'attaque pas par hasard, il planifie au préalable ses attaques. Et l'une des pires choses qu'un chrétien peut faire c'est être ignorant des attaques du diable.

2020 a changé le monde pour de bon. Beaucoup se souviendront du virus appelé COVID-19. Ce virus n'était pas le pire virus qui ait pu toucher l'humanité, mais le manque d'avertissement quand ce virus a éclaté a rendu beaucoup de gens vulnérables d'être tués par le virus. La peur a pris le dessus sur le raisonnement, à tel point qu'hystériquement, beaucoup de gens pendant cette crise ont acheté tous les papier hygiéniques.

Quand la cause d'une chose est obscure, nous en tant qu'une société on devient moins sûr et inquiet. Dans notre inquiétude, nous perdons vue des principes fondamentaux et on adopte des voies qui sont irrationnelles. Être

---

[1] (n.d.). Retrieved July 02, 2020, from https://biblehub.com/greek/3180.htm

irrationnel c'est exactement un état d'esprit dans lequel l'ennemi te veut. C'est facile qu'on se joue de toi quand tu prends des décisions de façon irrationnelle. La foi, en revanche, peut se voir irrationnelle de fois du point de vue de l'homme mais le rationalisme de la foi demeure dans la parole de Dieu.

Le fait que Paul ait pu écrire dans 2 Corinthiens 2 :11 *"...afin de ne pas laisser à Satan l'avantage sur nous..."* montre que la guerre a quelque chose à avoir avec ta pensée, voilà le pourquoi du terme *"déjouer"*. La Bible parle de comment : *"Car ce n'est pas un esprit de timidité que Dieu nous a donné, mais un esprit de force, d'amour et de sagesse"* (2 Timothée 1 : 7 LSG). L'une des façons de vaincre la peur c'est d'avoir un esprit tranquille. Quand ton esprit est discipliné, c'est difficile de céder à des pensées irrationnelles.

Pourtant, la peur n'est pas l'unique méthode d'attaque de l'ennemi. Dans la bible, Satan est aussi décrit comme un séducteur. L'apôtre Jean dit dans le livre d'apocalypse 12 : 9 *"Et il fut précipité, le grand dragon, le serpent ancien, appelé le diable et Satan, celui qui séduit toute la terre, il fut précipité sur la terre, et ses anges furent précipités avec lui."* Celui qui séduit toute la terre ! Un titre qui va mieux pour le rusé serpent.

La déception est rarement connue à ses débuts car elle désarme la perception d'une personne. Au lieu d'agir comme ton ennemi, Satan se positionne lui-même comme ton ami et il te promet le monde pour te donner l'enfer. Parfois, le diable ne vient toujours pas comme un serpent. Il apparaît comme un membre de ta famille, un enseignant, partenaire amoureux, un leader religieux ou un sauveur.

Par conséquent, la personne doit comprendre qu'il y a deux façons par lesquelles le diable cherche à accomplir ses plans. La première c'est **la peur,** et la seconde c'est **la déception.** C'est dans ces deux mots qu'on trouve le mode opératoire du diable. Soit, il va t'intimider au travers de la peur pour te capturer au travers d'applaudissement. Le diable vient comme un lion rugissant ou un ange de Lumière.

Voilà pourquoi la personne doit être éveillée aux réalités des opérations du diable. L'éveil en aucun cas veut dire que l'on doit devenir centré sur les démons, mais plutôt, on doit avoir une compréhension solide de ce à quoi on fait face. Cette solide compréhension doit être fondée dans la vérité de la parole de Dieu et non pas sur les contes et histoires qui cherchent à montrer le diable en "seigneur" quand il n'est qu'une créature.

Questions de Discussion

1. Quelle est ta perception personnelle du monde spirituel et comment tu es arrivé à cette conclusion ?

2. Comment saurais-tu si tu es au début de l'étape décaptive du diable ?

3. Je suis trop focalisé sur les démons ou bien je ne sais pas grand-chose sur les démons.

4. Quelles sont les répercussions de demeurer ignorant à la vérité de la bible et son application au monde spirituel ?

5. Comment est-ce que les mondes naturel et spirituel interagissent ? Quelles sont les implications de cette interaction dans ta vie ?

Chapitre deux

Les Anges

Pour mieux comprendre le diable, on doit comprendre son origine. Il n'était toujours pas un serpent rampant, mais Il y avait un temps où il était agréable. Un temps avant la création de ce monde. Un temps où ce n'était rien que Dieu et les anges.

D'après les écritures, les anges étaient créés avant la fondation de la terre. Dans le livre de Job, nous trouvons les détails sur la création des anges. Après que Job s'est défendu lui-même contre ses amis accusateurs et a essayé de maintenir sa propre droiture, Dieu finalement intervient et dit :

"Où étais-tu quand je fondais la terre ? Dis-le, si tu as de l'intelligence. Qui en a fixé les dimensions, le sais-tu ? Ou qui a étendu sur elle le cordeau ? Sur quoi ses bases sont-elles appuyées ? Ou qui en a posé la pierre angulaire,

Alors que les étoiles du matin éclataient en chants d'allégresse, Et que tous les fils de Dieu poussaient des cris de joie ?" (Job 38 :4-7)

Presque le tiers de l'ancien testament est fait de la poésie. Le livre de job se retrouve dans cette catégorie. Contrairement à la poésie des autres langues, la poésie hébraïque traite beaucoup plus d'idées derrières les mots. Les mots ne rhument pas, mais les idées rhument. Un style de la poésie hébraïque qui connecte les idées simultanément en parlant de cela dans différentes façons ce synonyme du parallélisme.[2]

Un exemple du parallélisme peut être trouvé dans Job 38.

Quant au verset 7, Dieu dit : "Pendant que les étoiles du matin [éclataient en chants d'allégresse,]" *"Alors que les étoiles du matin éclataient en chants d'allégresse."* et après il dit : *"Et que tous les fils de Dieu poussaient des cris de joie ?"* Le texte ne parle pas de deux différentes idées, mais la même idée affirmée de différentes façons. Donc, les étoiles du matin symbolisent les anges (les créatures célestes). En d'autres termes, les anges chantèrent ensemble, et les anges crièrent de joie.

Ces activités angéliques se produisaient pendant que Dieu était en train de créer la terre (Job 38). Ceci signifie que les anges étaient présents avant que Dieu ne crée le monde. Pour combien de temps ont-ils étaient

---

[2] Answers in Genesis. (n.d.). Retrieved July 02, 2020, from https://answersingenesis.org/

présents ? Nul ne le sait ! Car les écritures ne nous donnent pas les détails là-dessus. Le fait que les êtres humains n'étaient créés qu'au sixième jour, [ceci signifie qu'] avant la création de l'homme [les anges] bénéficiaient [de] la connaissance chaque jour, [et ils] étaient capables de témoigner la majesté de Dieu révélé dans la création. Ces êtres célestes étaient bénis avec l'habileté d'être les premiers en Eden, le ciel.

Selon la Bible il y a quatre types d'anges, et chaque type semble avoir un objectif spécifique. D'autres arguments disent qu'il y a plus de quatre types à cause des roues dont Ezéchiel parle (Ezéchiel 1). Mais nous allons nous focaliser sur les quatre classifications des anges, sans suivre un ordre quelconque ni spéculer s'il s'agit des anges ou pas.

Le premier type d'ange est connu comme un Archange. Sans chercher à lire dans des livres non canoniques de la Bible. Il n'y a qu'un seul ange que la bible décrit comme un archange, et c'est l'archange Michel. Michel est appelé archange deux fois dans la bible : 1 Thessaloniciens 4 :16 et Jude 1 : 9. Il est mentionné par son nom dans l'Ancien Testament dans le livre de Daniel 12 : 1-3 et dans le Nouveau Testament, c'est dans l'Apocalypse 12 :6-12.

Son nom est une question rhétorique qui donne une déclaration, *"Qui est comme Dieu"* ? La réponse ne serait « personne n'est comme Dieu » ! A vrai dire nous sommes faits à son image [Dieu] mais il y a toujours des attributs de Dieu qu'on ne partage pas [avec Lui]. Ces attributs sont connus comme des attributs intransférables : Son habileté d'être Omniprésent (partout), Omniscient (connaissant tout) et Omnipotent (tout-puissant). Michel est l'un des rares anges dont le grade est mentionné. Son rang serait d'un chef ou dirigeant à cause du titre [préfix] *"arch"* qui veut dire *"premier"* ou *"diriger"* en Grec.

L'un de ses rôles est de se battre et de veiller sur Israël, surtout dans les derniers temps. Le livre de Daniel souligne la relation entre Michel et Israël quand Daniel écrit ce qu'il a vu dans la vision :

"En ce temps-là se lèvera Micaël, le grand chef, le défenseur des enfants de ton peuple ; et ce sera une époque de détresse, telle qu'il n'y en a point eu de semblable depuis que les nations existent jusqu'à cette époque. En ce temps-là, ceux de ton peuple qui seront trouvés inscrits dans le livre seront sauvés" (Daniel 12 :1).

L'autre aspect de son rôle est de se battre contre les ennemis de Dieu, comme c'est démontré dans Daniel 10 : 13 quand il a sauvé l'ange Gabriel. Et aussi dans Apocalypse 12 : 6-12, où Michel s'est battu contre Satan et ses anges et le chassant du ciel. Malgré qu'il se soit battu contre les ennemis de Dieu, c'est important de noter que son plus grand pouvoir n'était pas son courage ou son rang, mais sa capacité à compter sur l'Éternel Dieu.

On a un aperçu sur le fait que Michel dépend de Dieu dans le livre de Jude 1 : 9. Comme Jude parle de combien les Hommes peuvent être arrogants, il dit : *"Or, l'archange Michel, lorsqu'il contestait avec le diable et lui disputait le corps de Moïse, n'osa pas porter contre lui un jugement injurieux, mais il dit : Que le Seigneur te réprime !"* (Jude 1 : 9). Jude a utilisé ce verset pour souligner le fort contraste entre la douceur de Michel (le pouvoir sur son contrôle) et l'arrogance des Hommes. En tant qu'un chef, tu penseras qu'il allait juste rosser Satan et puis partir. Cependant, il n'a ni contesté avec Satan ni fait attention à ses bouffonneries [Satan]. Il a seulement dit, *"Que le seigneur te réprime !"*

Le prochain ange qui est mentionné dans la bible c'est Gabriel dont le nom signifie *"homme puissant de Dieu"*.[3] Différemment de Michel, à qui le titre est placé devant son nom. Le titre de Gabriel est inféré [supposé] à cause de ce qu'il a toujours fait, c'est d'apporter les messages. De Gabriel vient l'idée d'*"ange messager."* Ces anges qui amènent les messages à l'humanité de la part de Dieu.

L'ange Gabriel est mentionné cinq fois dans la bible. Dans l'ancien Testament il est retrouvé dans trois chapitres : Daniel 8 : 16 ; 9 : 21, et probablement dans Daniel 10. Dans le Nouveau Testament, il est mentionné par son nom dans deux versets. Ces deux versets sont trouvés dans Luc chapitre 1 : 19, 26. L'ange Gabriel se tient dans la présence de Dieu (Luc 1 : 19).

---

[3] Abarim Publications. (n.d.). The amazing name Gabriel: Meaning and etymology. Retrieved July 02, 2020, from https://www.abarim-publications.com/Meaning/Gabriel.html

Selon les écritures, il semble avoir une différence de pouvoir entre Gabriel et Michel. D'ailleurs, c'est noté que Michel a sauvé Gabriel du prince de la Perse. C'est très important de comprendre que quand Daniel écrit à propos du Prince de Perse il est aussi en train de parler au sujet de l'entité derrière la personne. Car personne ne peut arrêter un ange par sa propre force, surtout un ange qui se tient dans la présence de Dieu (Daniel 10 : 13).

Après [l'ange] Michel et [l'ange] Gabriel, le prochain type d'anges n'a pas de nom, mais connus simplement par leur description, [les] Séraphins qui signifie "ceux qui brulent." La bible mentionne les Séraphins par ce nom dans un seul chapitre trouvé dans Ésaïe 6 : 1-7 où le prophète Ésaïe est en train d'avoir une vision du seigneur et écrit :

"L'année de la mort du roi Ozias, je vis le Seigneur assis sur un trône très élevé, et les pans de sa robe remplissaient le temple. Des séraphins se tenaient au-dessus de lui ; ils avaient chacun six ailes ; deux dont ils se couvraient la face, deux dont ils se couvraient les pieds, et deux dont ils se servaient pour voler. Ils criaient l'un à l'autre, et disaient : Saint, saint, saint est l'Éternel des armées ! toute la terre est pleine de sa gloire ! Les portes furent ébranlées dans leurs fondements par la voix qui retentissait, et la maison se remplit de fumée. Alors je dis : Malheur à moi ! je suis perdu, car je suis un homme dont les lèvres sont impures, j'habite au milieu d'un peuple dont les lèvres sont impures, et mes yeux ont vu le Roi, l'Éternel des armées. Mais l'un des séraphins vola vers moi, tenant à la main une pierre ardente, qu'il avait prise sur l'autel avec des pincettes. Il en toucha ma bouche, et dit : Ceci a touché tes lèvres ; ton iniquité est enlevée, et ton péché est expié" (Ésaïe 6 :1-7).

Ces créatures angéliques sont décrites comme des créatures qui ont six ailes et volent autour du trône de Dieu, proclamant à quel point Dieu est particulier. C'est comme-ci à chaque fois qu'ils tournent autour de Dieu, Ils découvrent quelque chose de nouveau sur lui, ceci poussait les anges à annoncer combien Dieu est Saint !

L'ordre (ou la catégorie) final des anges dans notre classification est connu comme les *Chérubins*. Le mot *"Chérub"* ou *"Chérubins"* n'a pas de signification connue. Cependant, si quelqu'un enquête de très près son usage dans les écritures, il y a quelques indications de ce à quoi le nom peut signifier. Les Chérubins sont mentionnés pour la première fois dans le livre de Genèse, après que l'homme est tombé dans le péché.

Les Chérubins ont été ordonnés de garder l'arbre de vie pour que l'homme n'en mange pas et qu'il ne puisse vivre éternellement dans étant dans un état de péché (Genèse 3 : 24). Après cette brève mention d'eux, ils sont mentionnés encore plusieurs fois dans la bible. Presqu'à chaque fois qu'ils sont mentionnés, ils sont soit en train de garder quelque chose d'important ou étant juste proches du trône de Dieu.

En Exode 25 : 18-22, Dieu parle à Moise et lui dit de placer deux Chérubins sur l'arche de l'alliance, l'un face à l'autre en couvrant le trône de Dieu. Dans le livre d'Ézéchiel ils sont décrits comme portant le trône de Dieu (Ézéchiel 1). L'image de Dieu conduisant sur les Chérubins est représentée de façon poétique dans les Psaumes 18 : 11 et 2 Samuel 22 : 11, où David écrit : *"Il était monté sur un chérubin, et il volait, Il planait sur les ailes du vent."*

Beaucoup croient que Satan appartenait à ce dernier ordre des anges. Une position honorable d'être près du trône de Dieu et dans sa présence. Jamais affamé, jamais assoiffé, ne manquant de rien. Combien merveilleuses et belles sont ces créatures, et malgré cela, au milieu de cette beauté, le mal s'y trouvait.

Questions de Discussion

1. Quand est-ce que les anges ont été créés ? Ou dans la bible est-ce que quelqu'un peut vérifier l'information sur la création des anges ?

2. Selon l'auteur, combien des classifications des anges avons-nous ?

3. Qui est l'archange Michel, et quel est sa plus grande force ?

4. Qu'est-ce que l'auteur croit être arrivé aux Séraphins les poussant à répéter tout le temps "Saint" ?

5. Quel ordre des anges auquel on croit que Satan appartient ? Quel fut le rôle de ces êtres angéliques ?

Chapitre Trois

L'Orgueil Interne

Il n'y a pas d'ange plus honteux [infâme] que Satan. Chaque culture a sa propre compréhension sur qui est cette créature. De tous ces différents écrits sur Satan, la meilleure description de qui il est se trouve dans la bible. Les livres d'Ezéchiel et d'Ésaïe nous ont donné quelques bonnes explications sur l'origine de Satan et sa future destination à part le livre d'apocalypse. Les deux livres consacrent une portion importante de leurs écrits en décrivant Satan et sa déchéance.

Le premier passage qu'on va expliquer vient du livre d'Ezéchiel. Quand une personne lit les écrits (littérature) prophétiques, deux choses doivent être comprises. Premièrement, Dieu est esprit, c'est-à-dire qu'Il est trop concerné par les ramifications spirituelles que les implications physiques (Jean 6 : 63). Un bon exemple est quand Dieu a dit à Adam que s'il mange le fruit, il mourra. Quand il a mangé le fruit, il n'est pas mort physiquement, cependant il est mort spirituellement (Genèse 3).

Deuxièmement, une personne doit comprendre qu'une prophétie peut avoir des couches. Par exemple, regardons à ce que Dieu a dit au serpent après qu'il a eu à décevoir Eve :

"Je mettrai l'inimitié entre toi et la femme, et entre ta postérité et sa postérité ; celle-ci t'écrasera la tête, et tu lui blesseras le talon" (Genèse 3 :15).

À la première vue, ça semble comme si Dieu est en train de parler qu'à la femme, sa progéniture, le serpent, et sa descendance.

Mais pendant que l'histoire de l'humanité se déroule, ça devient Claire que ce que Dieu voulait réellement dire quand il a dit : *"celle-ci t'écrasera la tête, et tu lui blesseras le talon"*. Dieu est en train de parler spécifiquement à propos d'une progéniture, qui va réellement écraser la tête du serpent, mais aussi expérimenter la douleur comme il défait le serpent. Il ne peut avoir qu'une personne qui va remplir ce critère, et cette personne c'est Jésus-Christ. Jésus a été cloué à la croix et,

"... il était blessé pour nos péchés, Brisé pour nos iniquités ; Le châtiment qui nous donne la paix est tombé sur lui, Et c'est par ses meurtrissures que nous sommes guéris" (Ésaïe 53 :5).

Donc, une prophétie peut parler à une situation présente ainsi qu'au résultat qui arrivera dans le futur. Les deux conclusions présentes et futures sont des aspects essentiels d'une parole prophétique. Avec ça dans l'esprit, la personne devra savoir ce qu'il se passe présentement dans le texte, avant d'aller beaucoup plus en profondeur et de mêler les différentes couches de la parole prophétique.

Voici maintenant l'histoire derrière Ezéchiel 28. Après avoir adressé Tyr comme une nation dans les chapitres 26 et 27, Ezéchiel se focalise maintenant sur le leadership de Tyr. Tyr était une cité localisée dans la région qu'on connaît présentement comme Liban. Selon Ezéchiel, c'était une ville très belle et riche.

Malheureusement, Tyr est devenu arrogant et a célébré la chute d'Israël. C'était à cause de cette célébration que Dieu a eue Ezéchiel pour proclamer le jugement sur Tyr et ses habitants (Ezéchiel 26, Proverbes 24 : 17-18).[4] L'orgueil de Tyr provient naturellement du roi. Il est dit que *Ithobaal III* fut le roi de Tyr pendant le temps qu'Ezéchiel écrivait. Le nom *Ithobaal III* signifie "vers l'idole"[5]. Comme son nom, ainsi été sa vie. Un homme qui ne considérait pas Dieu mais se regardait lui-même comme Dieu. Il a adoré aussi les idoles, ce qui veut dire il avait une relation intime avec les démons.

Paul dans le Nouveau Testament parle de la viande sacrifiée aux idoles, il écrit : *"Je dis que ce qu'on sacrifie, on le sacrifie à des démons, et*

---

[4] Apologetics Press: Christian Evidences |. (n.d.). Retrieved July 02, 2020, from http://www.apologeticspress.org/
[5] Ethbaal Definition and Meaning - Bible Dictionary. (n.d.). Retrieved July 02, 2020, from https://www.biblestudytools.com/dictionary/ethbaal/

non à Dieu ; or je ne veux pas que vous soyez en communion avec les démons" (1 Corinthiens 10 :20). La raison pour laquelle Paul a écrit ceci a quelque chose à avoir avec le fait que Dieu est jaloux et que les gens étaient influencés négativement par ces démons. Cependant, cette influence dont Ezéchiel parle aussi dans le chapitre 28 aux versets 11 à 19 concernant le roi de Tyr.

En outre, c'est important de savoir qu'une possession démoniaque n'apparaît pas seulement dans le nouveau Testament ; mais plutôt, ça existe depuis la chute de l'homme (dans le Jardin d'Eden). Le nouveau Testament souligne juste qu'il y en a beaucoup plus. Par conséquent, si une personne est en train d'adorer les idoles, il aura donné aux démons un accès d'entrer et de contrôler son être. Certainement, elle est possédée.

Cependant, quand on lit un passage de cette nature, la personne ne peut pas négliger l'aspect (ou le monde) spirituel. La personne doit comprendre la dynamique du monde spirituel et son rôle dans nos vies. Entre cette vue complète des écritures, ça prête à confusion de qui Ezéchiel parle dans ces versets, car il parle de lui (Satan) étant un être céleste et ayant été chassé hors d'Eden.

Voici le passage :

"La parole de l'Éternel me fut adressée, en ces mots : Fils de l'homme, Prononce une complainte sur le roi de Tyr ! Tu lui diras : Ainsi parle le Seigneur, l'Éternel : Tu mettais le sceau à la perfection, Tu étais plein de sagesse, parfait en beauté. Tu étais en Éden, le jardin de Dieu ; Tu étais

couvert de toute espèce de pierres précieuses, De sardoine, de topaze, de diamant, De chrysolithe, d'onyx, de jaspe, De saphir, d'escarboucle, d'émeraude, et d'or ; Tes tambourins et tes flûtes étaient à ton service, Préparés pour le jour où tu fus créé. Tu étais un chérubin protecteur, aux ailes déployées ; Je t'avais placé et tu étais sur la sainte montagne de Dieu ; Tu marchais au milieu des pierres étincelantes. Tu as été intègre dans tes voies, Depuis le jour où tu fus créé Jusqu'à celui où l'iniquité a été trouvée chez toi. Par la grandeur de ton commerce Tu as été rempli de violence, et tu as péché ; Je te précipite de la montagne de Dieu, Et je te fais disparaître, chérubin protecteur, Du milieu des pierres étincelantes. Ton cœur s'est élevé à cause de ta beauté, Tu as corrompu ta sagesse par ton éclat ; Je te jette par terre, Je te livre en spectacle aux rois. Par la multitude de tes iniquités, Par l'injustice de ton commerce, Tu as profané tes sanctuaires ; Je fais sortir du milieu de toi un feu qui te dévore, Je te réduis en cendre sur la terre, Aux yeux de tous ceux qui te regardent. Tous ceux qui te connaissent parmi les peuples Sont dans la stupeur à cause de toi ; Tu es réduit au néant, tu ne seras plus à jamais !"* (Ézéchiel 28 : 11-19).

Dieu dit : *"Tu mettais le sceau à la perfection, Tu étais plein de sagesse, parfait en beauté"* (Ézéchiel 28 :12). Nous savons qu'après qu'Adam soit tombé dans le Jardin (d'Eden), tout Homme est tombé avec lui (Romains 5 :12). Comment est-il un sceau de la perfection ? À moins que, comme Dieu est esprit, Il voit la force spirituelle derrière le roi et il est en train d'adresser cette force. C'est une force que quelques commentaires ont conclus qu'il s'agit de Satan qui est l'ange déchu. Dans ce cas ici, il y a beaucoup à découvrir du passage à propos de Satan. Disséquons verset par verset.

Comme mentionné il était parfait, plein de sagesse, et parfait en beauté. Il était dans Éden le Jardin de Dieu, qui est synonyme du ciel. Il y avait de l'or précieux avec quoi il été formé, non pas qu'il été littéralement fait de l'or mais qu'il été précieux dans le sens qu'il été doré de splendeur et de gloire. Quelqu'un peut aussi attester que chacun de ces ors ne produisaient pas leur Lumière mais reflétaient la Lumière. Il est possible que Satan commençât à croire qu'il était celui à qui la gloire appartenait au lieu de la donner à Dieu.

Quand Dieu dit, *".... Tu étais couvert de toute espèce de pierres précieuses, De sardoine, de topaze, de diamant, De chrysolithe, d'onyx, de jaspe, De saphir, d'escarboucle, d'émeraude, et d'or..., Préparés pour le jour où tu fus créé"* (Ézéchiel 28 : 13), il parle des instruments de musique qui étaient construits dans Satan. **"tes décors et tes gravures" veulent dire tambourins et tuyaux.** Quand il dit, *"Tes tambourins et tes flûtes étaient à ton service, Préparés pour le jour où tu fus créé"*, Il est entrain de suggérer qu'avant la déchéance, Satan avait un rôle important dans la musique du ciel, entourant le trône de Dieu[6].

En outre, il était le gardien oint ou le chérubin qui couvre. Par oint, essentiellement il était le Chérubin des Chérubins. Il a été créé pour couvrir, et maintenant il travaille dur pour *enlever la couverture* en les humiliant.

---

[6] Ezekiel Chapter 28. (2019, May 06). Retrieved July 02, 2020, from https://enduringword.com/bible-commentary/ezekiel-28/

Satan était à la montagne de Dieu et marchait dans les pierres de feu. Le concept de la montagne de Dieu à quelque chose à avoir avec la présence de Dieu, comme David l'écrit.

Les pierres de feu (étincelantes) parlent de sa présence (Ezéchiel 28 : 14 ; Exode 24 :10). Il marchait dans la présence de Dieu ! Il était irréprochable dans toutes ses voies jusqu'à devenir injuste, une meilleure traduction (du mot injuste) serait iniquité, (Jusqu'à ce que l'iniquité) a été trouvée en lui.

Ceci est important pour comprendre. Ce n'était pas juste le péché comme s'il a raté la cible accidentellement. Ce n'était pas non plus une intrusion, parce qu'il n'avait pas seulement dépassé la limite et puis rentrer. Ce n'était pas non plus une transgression car même les transgressions impliquent que l'on pourrait éventuellement revenir de son propre chef. C'était l'iniquité. Satan était déterminé au fond de lui que ceci était le chemin qu'il allait devoir prendre, et il ne se ferait pas balancé différemment.

Sur le même point, Dieu a déclaré, "dans l'abondance de ton commerce tu as été rempli de violence, et tu as péché…" (Ezéchiel 28 :16). Ici la prophétie se connecte à un roi terrestre mais aussi comme parlant à l'ennemie. Tyr était connu pour son commerce, et parfois les gens pouvaient devenir tellement compétitifs et orgueilleux quand ils faisaient le commerce et gagnaient beaucoup d'argent.

C'est aussi le reflet de Satan du fait qu'à cause de sa beauté, il est devenu compétitif et se regardant lui-même comme le meilleur au lieu de se voir comme une partie du reste. C'était cet orgueil qui poussa Dieu de le chasser de sa présence et prononcé le jugement sur lui.

On doit aussi faire attention de ne pas être tellement compétitif. L'un des habitudes de la chair c'est l'esprit de la compétition. Dans la bible, le travail de la chair est *"L'idolâtrie, la magie, les inimitiés, les querelles, les jalousies, les animosités, les disputes, les divisions, les sectes"* (Galates 5 :20)

Cela ne signifie qu'en aucun cas que nous ne devons pas compétir, mais plutôt que notre compétition ne doit pas être une comparaison. Clairement, tu ne devras pas envier les capacités de ton voisin en te regardant toi-même comme meilleur que les autres. En faisant ceci, tu cherches ta propre gloire au lieu de celle de Dieu.

Même si Satan a été chassé de la présence de Dieu, on n'a jamais lu que ses bijoux lui ont été enlevés. Ses tambourins et tes flûtes, beauté, il est toujours rempli des connaissances, et il peut toujours continuer à créer la musique.

Questions de Discussion

1. Décrivez les ramifications spirituelles qui découlent de la désobéissance d'Adam qui a mangé le fruit et comparez-les aux conséquences de la rébellion de Satan.

2. Défendez la position qu'Ezéchiel a prise à propos de Satan et sa déchéance.

3. Décrivez la différence entre une compétition qui est saine et une compétition ancrée dans une motivation basée sur le péché ?

4. De quelle façon les capacités de Satan sont-ils décrits et travaillant dans le monde en Ézéchiel 28.

5. Décrivez la différence entre les quatre types de péchés mentionnés dans ce chapitre et discutez de quel type de péché Satan avait commis ?

Chapitre Quatre

Les Intentions (ou Motifs) de Satan

Le prochain passage se trouve dans Ésaïe 14. Comme Ezéchiel, Dieu parle aussi bien au-travers d'Ésaïe concernant la source spirituelle des choses et l'avenir en lumière du Jugement de Dieu. Pendant que dans (le livre d') Ezéchiel, les enfants d'Israël étaient déjà exilés en Babylon, les textes d'Ésaïe ont précédés l'exile. Pendant le temps d'Ésaïe, Dieu est toujours en train d'avertir les enfants d'Israël concernant la très proche destruction qui venait s'ils ne se repentent pas. Or même pendant qu'il prononçait le jugement sur son peuple, Dieu étant riche en miséricorde, proclame ses plans de porter secours à Israël et juger Babylon, leur prochain oppresseur (Ésaïe 13-14).

Le point culminant se trouve dans le chapitre 14, où Dieu parle au roi de Babylon et l'entité qui influence son royaume (Satan). Quelques personnes au contraire, croient que ce n'est pas une prophétie qui a été faite sur Satan ; cependant, ça concerne le futur roi de Babylon, Nabuchodonosor. Pourtant, il y a quelques défauts avec la vue que la prophétie parle seulement de Nabuchodonosor.[7]

Si quelqu'un lit Daniel 4, il trouvera une histoire sur le roi Nabuchodonosor qui contredit la prophétie d'Esaïe, si en effet c'est seulement le roi Nabuchodonosor dont il s'agit. D'après Daniel 4, le roi Nabuchodonosor a été humilié par Dieu mais il n'a pas été mis à mort par Dieu. En revanche, c'était dans cette place de brisement qu'il a finalement déclaré que le Dieu du ciel était en effet le vrai Dieu. Sur ce compte, l'un doit conclure que ce n'était pas juste Nabuchodonosor dont le prophète Ésaïe était en train de parler, mais l'influenceur bien-sûr – Satan.

Le fond de la prophétie se trouve dans Ésaïe 14 :11-15 :

"Ta magnificence est descendue dans le séjour des morts, Avec le son de tes luths ; Sous toi est une couche de vers, Et les vers sont ta couverture. Te voilà tombé du ciel, Astre brillant, fils de l'aurore ! Tu es abattu à terre, Toi, le vainqueur des nations ! Tu disais en ton cœur : Je monterai au ciel, J'élèverai mon trône au-dessus des étoiles de Dieu ; Je m'assiérai sur la montagne de l'assemblée, A l'extrémité du septentrion ; Je monterai sur le sommet des nues, Je serai semblable au Très Haut. Mais tu as été précipité dans le séjour des morts, Dans les profondeurs de la fosse" (Ésaïe 14 :1115).

---

[7] Daniel Chapter 4. (2018, June 21). Retrieved July 02, 2020, from https://enduringword.com/bible-commentary/daniel-4/

Il y a des similarités entre l'annonce de la prophétie d'Ezéchiel fait dans Ezéchiel 28 et l'annonce qu'Ésaïe est fait dans Ésaïe 14 : 11-15. Premièrement, les deux parlent des capacités musicales de Satan (Ésaïe 14 : 11 ; Ezéchiel 28 : 13). Deuxièmement, les deux touchent à la déchéance de Satan du ciel, et sa destruction devant tous les rois et nations (Ésaïe 14 : 12-15 ; Ezéchiel 28 :16). Comme Satan avait des bijoux qui sont reflétés dans Ezéchiel 28, en Ésaïe, on voit aussi Satan représenté comme quelqu'un qui **reflète** mais ne **produisant** pas sa propre Lumière.

Dans d'autres traductions, le terme de cette réflexion est *"Lucifer"*. Ceci pourtant n'est pas le nom de Satan mais une explication de *"étoile du matin (jour), fils de la perdition !"* Pour mieux comprendre la connotation de ce nom, la personne a besoin de regarder un peu plus dans qu'est-ce que l'*"étoile du matin"* est. Le terme *"étoile du matin (jour)"* en réalité ne parle pas de l'étoile dans ce contexte, mais une planète qui surgit dans l'Est appelée Venus[8]. Cette planète va briller comme une étoile parce que ça reflète la Lumière d'une étoile. Les personnes qui ont interprété ce passage du Latin ont appelé ce concept Lucifer – celui qui reflète la Lumière ou *"porteur de la Lumière"*.

Les deux (Ezéchiel et Ésaïe) ont aussi parlés de l'orgueil qui réside à l'intérieur de Satan. Ésaïe a expliqué sur l'orgueil qu'avait Satan. Il a utilisé

---

[8] Day-Star Definition and Meaning - Bible Dictionary. (n.d.). Retrieved July 02, 2020, from https://www.biblestudytools.com/dictionary/day-star/

cinq lignes, chacune commençant avec *"Je vais"*, qui explique la position orgueilleuse de Satan et l'homme. Ces *"Je vais"* proviennent du cœur, et sont des catalyseurs à la rébellion.

Le premier c'est, *"Je vais monter au ciel ; au-dessus des étoiles de Dieu"*. Dans le chapitre précédent, nous avons adressé la nature poétique de la bible hébraïque (ou l'Ancien Testament). Dans ce chapitre aussi (les) *"étoiles"* sont (une) indication des anges. Satan est en train de dire qu'il va s'élever plus haut que les anges.

Cela étant, il dit : *"Je vais placer mon trône plus haut"*. Il veut être le roi. Dans cette expression, Satan est essentiellement en train de dire qu'il peut mieux gouverner que Dieu.

Après ça, il dit : *"Je vais m'asseoir sur la montagne de l'assemblée à l'extrémité du Septentrion"*. La montagne de l'assemblée est une place d'honneur dans le ciel. Satan fait une déclaration qu'il va être honoré dans la salle du trône de Dieu.

Il continue à dire : *"Je vais monter au-dessus des hauteurs des nuages"*. En disant ceci, il indique qu'il va s'élever même plus, et tous le verront avec sa gloire. Omettant le fait qu'il était déjà dans la présence de Dieu, il a convoité ce qui n'était pas à lui, ce qui était la gloire de Dieu. En

Commettant l'ultime péché de trahison, il a finalement dit : *"Je vais me faire moi-même comme le tout-puissant"*[9].

Sans l'humilité, nous pouvons aussi tomber dans le *"Je vais"*. (Pour savoir plus sur le *"Je vais"* de Satan, lisez le livre intitulé *"Out of Darkness Into His Wonderful Light, A Study Guide for Identifying and Conquering Sources of Oppression"*, par le Docteur Gary Luther Royer).

Clairement, Satan n'était pas satisfait que sans la divinité et le contentement, personne ne se sentira jamais adéquat. Paul écrit :

"c'est, en effet, une grande source de gain que la piété avec le contentement ; car nous n'avons rien apporté dans le monde, et il est évident que nous n'en pouvons rien emporter ; si donc nous avons la nourriture et le vêtement, cela nous suffira"

(1 Timothée 6 : 6-8).

Satan n'était pas content d'être le Chérubin oint, qui était dans la salle (présence) du trône de Dieu. Il a convoité ce que Dieu avait et a cherché la gloire pour lui-même. À la fin, il sera" *......amener dans le shéol, au fond de la fosse"* (Esaïe 14 :15). Rassure-toi que tu ne seras pas amené avec lui.

Dans notre ignorance, parfois l'Homme néglige les capacités du diable jusqu'à prétendre être bon. C'est dans cette négligence que le monde

---

[9] Isaiah Chapter 14. (2018, June 21). Retrieved July 02, 2020, from https://enduringword.com/bible-commentary/isaiah-14/

entier a été déçu. Personnellement, après avoir échappé le tirant Mobutu dans la République Démocratique du Congo, cela m'a aidé à réaliser que le diable agit comme la double face de la pièce de monnaie. Il joue le rôle de la face dans une place pendant qu'il joue un autre rôle de la pile ailleurs. Il dominait certaines contrées en pleine vue pendant qu'il travaillait dans l'ombre en d'autres lieux.

Il est comme un lion rugissant dans le monde oriental en utilisant la terreur à chaque point. Il influence les tyrans dans l'espoir d'amener de force le peuple à se soumettre à sa volonté. Mais dans l'Occident, il sait que si personne ne croit, il est libre de décevoir. Agissant comme ton ami, il te dit il n'est pas réel et te poussant à avoir du zèle déplacé.

Questions de Discussion

1. Pourquoi est-ce l'auteur croit qu'Ésaïe chapitre 14 parle de Satan ?

2. Comment les prophéties dans Ezéchiel 38 et Ésaïe 14 se compare-ils ?

3. Quel étaient les "Je vais" de Satan et le futur roi de Babylon ? Comment un croyant peut demeurer humble et éviter de tomber dans les "Je vais" de Satan ?

4. Quelles sont les deux qualités que Paul écrit que cela amène un grand gain pour les croyants ? Selon les écrits de Paul, de quoi un croyant devrait se satisfaire ?

5. Quelles sont les différentes façons que Satan utilise dans les pays de l'Orient et de l'Occident ?

Chapitre Cinq

Un Lion Rugissant

Je suis né en République Démocratique du Congo à l'époque où le pays s'appelait le Zaïre. Quand j'étais encore un enfant, je me souviens avoir regardé un programme spécial à la télévision qui est resté gravé en moi jusqu'à présent. Quand ce programme commençait, je voyais la tête d'un homme qui descendait sur un nuage et j'entendais les gens adoraient son nom. C'était comme dans un culte de l'église, et Dieu lui-même est venu dans le bâtiment. Je regardais à ce qui paraissait comme des millions des personnes rassemblées juste pour le voir.

A l'écran j'ai vu son post-nom "Sese Seko". La signification de ce nom est *"vie éternellement"* ou *"Je suis éternel"*. Je peux me souvenir de la peur que j'ai ressentie en le regardant. Je pouvais entendre les aînés de ma famille qui racontaient les histoires des personnes qui ont croisées son chemin et on ne les a jamais retrouvées. Tu ne pouvais distinguer ce qui était vrai de ce qui était faux. Certaines histoires racontent qu'il faisait manger les hommes à des lions juste parce qu'ils lui désobéissaient ; d'autres histoires racontent qu'il a rendu des gens plus riches que leurs rêves les plus fous.

Il était extrêmement riche, c'est-ce qui explique pourquoi certaines personnes cherchaient à gagner sa faveur. Cependant, il était connu de n'est pas partager sa richesse avec qui que ce soit. Pendant qu'il était riche, des millions de personnes étaient affamées et mourantes. Par la grâce de Dieu, ma famille a échappé à son régime et est venue à la terre de la liberté, Amérique (les Etats-Unis).

Venir en Amérique était une bénédiction pour toute ma famille, et j'essaie vraiment de chérir ça chaque jour, c'est une seconde chance que nous a donnée Dieu. J'ai réalisé que le monde n'a pas cette chance de sortir d'une tyrannie. Je pense de la Chine, Corée du Nord, l'Iran et beaucoup d'autres pays dans le monde où les gens souffrent énormément de cette tyrannie. S'ils essayent de parler fort dans ces pays, ils sont jetés dans des camps de concentration et les chrétiens sont souvent emprisonnés et décapités. Même en visitant ces nations, l'on peut sentir la terreur si l'on est spirituel.

En effet, au Moyen Orient, le diable vient comme un lion rugissant cherchant qui dévorer. (L'apôtre) Pierre a écrit à propos de ceci quand il a dit :

"Soyez sobres, veillez. Votre adversaire, le diable, rôde comme un lion rugissant, cherchant qui il dévorera. Résistez-lui avec une foi ferme, sachant que les mêmes souffrances sont imposées à vos frères dans le monde. Le Dieu de toute grâce, qui vous a appelés en Jésus Christ à sa gloire éternelle, après que vous aurez souffert un peu de temps, vous perfectionnera lui-même, vous affermira, vous fortifiera, vous rendra inébranlables"

(1 Pierre 5 :8-10).

Durant le temps où Pierre écrivait cette lettre aux églises de l'Asie Mineur, l'empereur de Rome était Néron. Néron est né en 37 après JC, et il a littéralement tué toute personne qui a osé se mettre sur son chemin puisqu'il voulait devenir César, il a tué même sa propre mère. Il arrêtait des Chrétiens qu'il donnait à des animaux sauvages pour les manger. Une fois, il a ligoté les chrétiens aux arbres tout autour de son palais et y a mis le feu juste pour le voir brulés[10]. C'était sous son régime tyrannique que Pierre a écrit ces paroles à l'église : *"Soyez sobres, veillez. Votre adversaire, le diable, rôde comme un lion rugissant, cherchant qui il dévorera"* (1 Pierre 5 :8).

Contrairement à la croyance populaire, les lions ne rugissent pas simplement pour faire peur à leur proie. C'est rare qu'un lion rugisse quand il

---

[10] The First Persecution, Under Nero, A.D. 67 - Fox's Book of Martyrs. (n.d.). Retrieved July 02, 2020, from https://www.biblestudytools.com/history/foxs-book-of-martyrs/the-first-persecution-under-nero-a-d-67.html

est en train de chasser. D'autre part, quand il est en conflit avec un autre prédateur, le lion rugit pour l'intimider[11].

Ceci n'est pas différent de Satan. Il connait cela de lui, l'intimidation c'est la clé du succès. Il te fait peur pour qu'il puisse bien te dévorer. Alors il faut arrêter de se voir soi-mêmes comme une proie et commencer à réaliser que tu es un chasseur !

Je me rappelle ma première chasse avec mon beau-père. Nous étions dans les montagnes, et il a tiré sur un Elan dans une distance de presque cent mètres. Je pensais sûrement qu'il était mort, mais il m'a dit qu'il (l'animal) était encore en vie et bien caché dans un buisson. Comme on s'approchait de l'endroit où il était tiré, l'Elan a sauté du buisson où il s'était caché. J'étais dans sous un choque. Mais mon beau-père avait l'esprit focalisé sur la chasse, et il a chargé l'Elan une autre fois. Ceci était une expérience réelle, pour moi, en tant que chrétiens nous devons être prêts pour la bataille en nous focalisant sur la mission.

Pierre dit qu'il faut être premièrement sobre d'esprit ; ceci veut dire être correct (ou prêt) dans votre esprit. Juste comme j'ai écrit au commencement de ce livre, le diable veut que tu sois irrationnel. Il veut que

---

[11] (n.d.). Retrieved July 02, 2020, from https://biblehub.com/greek/1228.htm

tu crois qu'il est grand et qu'il l'est réellement. Mais tu dois être bien dans ta tête (ou esprit).

Romains 12 dit ceci :

"Ne prenez pas comme modèle le monde actuel, mais soyez transformés par le renouvellement de l'intelligence, pour pouvoir discerner la volonté de Dieu : ce qui est bon, ce qui lui plaît, ce qui est parfait" (Romains 12 :2 Version : La Bible du Semeur BDS).

Comme mentionné dans ce passage, la façon dont tu restes positif dans ton esprit (tête) c'est en rejetant les modèles de ce monde. Quels sont les modèles de ce monde ? Toutes choses égoïstes sont directement connectées aux modèles de ce monde. Rejeter les ambitions égoïstes de ce monde comme avoir le sexe en dehors du mariage, la popularité, l'amour de l'argent, la vengeance, la sensualité, l'envie et les choses de ce genre. La parole de Dieu est le meilleur instrument pour changer ton esprit. La méditation de la parole de Dieu va t'amener à avoir une vie transformée.

Le prochain point dont Pierre parle à l'église c'est d'être vigilant et alerté. Je crois (la question) sur comment être alerté est répondu par Pierre dans (le livre de) 2 Pierre 1 quand il présente les huit vertus que chaque chrétien/chrétienne doit mettre en pratique. Les caractéristiques que Pierre présente sont : une foi complète, la vertu (ou la bienfaisance), la connaissance (à ne pas confondre avec l'intelligence, plutôt l'obéissance), la maîtrise de soi (donner au Saint Esprit le contrôle), fermeté (voir le temps au travers les yeux de Dieu ou les yeux de l'esprit), la sainteté (être conscient de Dieu dans chaque domaine de ta vie), la gentillesse (avoir une attitude divine) et un amour inconditionnel, qui vient seulement qu'au travers de la connaissance de lui (Dieu). (L'apôtre) Pierre va encore dire : *"C'est pourquoi, frères, appliquez-vous d'autant plus à affermir votre vocation et votre élection ; car, en faisant cela, vous ne broncherez jamais"* (2 Pierre 1 : 10).

En outre, la bible n'a jamais dit que le diable *est* un lion rugissant ; plutôt il est *comme* un lion rugissant. Cela veut dire, une fois que tu connais qui tu es en Christ, tu peux lui résister. C'est exactement ce que Pierre encourage aux chrétiens : *"Résistez-lui avec une foi ferme"* (1 Pierre 5 :9a). Non pas la foi de Pierre ou Paul ou bien des autres apôtres ; non la foi de ta mère ou de ton père ou même de ton Pasteur, mais ta *propre* foi !

Aussi important, la personne doit réaliser que résister au diable ne veut pas toujours dire délivrance de la souffrance. Pierre le développe de la façon suivante : *"…sachant que les mêmes souffrances sont imposées à vos frères dans le monde"* (1 Pierre 5 :9b). En disant ceci, il avertit les chrétiens ; il te dit que tu n'es pas seul. Continue ! Encore cette souffrance ne durera pas éternellement, et Dieu lui-même va éventuellement *"…vous perfectionnera lui-même, vous affermira, vous fortifiera, vous rendra inébranlables"* (1 Pierre 5 : 10c). La restauration est une promesse éternelle. Même si tu devais mourir ici, tu seras encore restauré parce que le ciel est ta vraie destination.

Cette souffrance dont Pierre parle est quelque chose dont beaucoup de gens dans le monde oriental peuvent comprendre. Mais en Occident, être décapité pour ta foi c'est encore un concept étranger. Le diable sait que faire peur aux gens en Amérique (aux Etats-Unis) d'habitude fait que les gens courent à l'église. À cause de cela, il a changé son plan en Occident, et au lieu d'un lion rugissant, il vient comme un ange de lumière.

Questions de Discussion

1. Comment est-ce que le diable vient dans le monde Oriental ?

2. D'après l'auteur, quelles sont les similarités entre le diable et le lion rugissant ?

3. Quels sont les modèles de ce monde, et comment peux-tu les surmontés ?

4. Quels sont les huit vertus que (l'apôtre) Pierre présente ?

5. En qui es-tu supposé mètre ta foi pour résister au diable ? Qu'est-ce que Dieu fait après que t'es souffert pour un temps ?

Chapitre Six

Un Ange de Lumière

C'était aux Etats-Unis où j'ai rencontré pour la première fois un athéiste. C'était le cousin à mon frère Julian qui est hispanique (venant du Mexique). Il a découvert que je crois en Dieu, et il n'a cessé de me dire pourquoi il croit que Dieu n'existe pas. La partie la plus surprenante de notre conversation, pour moi, fut quand il a dit que nous provenons des singes. Tout de suite, sans attendre, je l'ai regardé et dit, *"Tu sais les singes mangent leurs propres excréments, vrai ? Et ils ne sont peut-être pas plus intelligents qu'un enfant de deux ans ? Si tu veux t'associer avec les choses qui mangent leurs propres excréments, vas-y, mais moi je suis fait à l'image de Dieu."* Tous mes amis ont commencé à rigoler, et il était là me fixant du regard, de façon bizarre pour un temps, avant qu'on puisse reprendre notre conversation.

Aussi marrant que cette rencontre fût, la façon de réfléchir de ce jeune homme reflète la réflexion qui prévaut en Occident (dans le West). Par l'Occident, je veux dire les nations qui partagent les idéologies de la liberté d'expression et religion, et ils élèvent la gouvernance démocratique au-dessus de la dictature tyrannique. Dans cette définition, quelqu'un peut inclure l'Europe comme ayant également des idéologies Occidentales.

L'Europe était autrefois un endroit où le christianisme prospérait. Maintenant, les églises qui accueillaient des milliers (des gens) sont transformées en clubs ou musées. Qu'est-ce qui s'est passé ? Comment est-ce que l'Europe est partie d'un lieu qui a envoyé les chrétiens dans d'autres pays du monde à un espace où les morales chrétiennes sont bafouées.

Pour répondre à cette question, il faut comprendre le coté rusé de Satan. Satan sait que la meilleure façon de minimiser le système de la foi des chrétiens c'est en faisant de sorte que le mal devienne le bien, et le bien mal. Il accompli ceci en se faisant passé lui-même comme un ange de lumière.

Dans 2 Corinthiens 11, Paul est en train d'avertir l'église de Corinthe à propos des faux apôtres. Il dit :

"Ces hommes-là sont de faux apôtres, des ouvriers trompeurs, déguisés en apôtres de Christ. Et cela n'est pas étonnant, puisque Satan lui-même se déguise en ange de lumière. Il n'est donc pas étrange que ses ministres aussi se déguisent en ministres de justice. Leur fin sera selon leurs œuvres"

(2 Corinthiens 11 :13-15).

As-tu saisi cela ? Satan se déguise lui-même en un ange de Lumière ! Il devient ton ami et te persuade de détester toutes les choses que Dieu aime. Si tu fais attention aux tendances dans l'Occident, tu peux déterminer le "Day Star" (étoile du jour ou matin) en plein travail.

Parmi les exemples que l'Occident présente, il y a des choses telles que *"bisexualité"*, et bien que ce n'est pas prouvé scientifiquement, nous tous sommes forcés rapidement de changer des prénoms personnels, au lieu de "il" ou "elle," c'est devenu "Ils," ou tout ce que la société juge approprié. Quoique ceci n'est pas un nouveau mouvement, Satan est en train d'introduire lentement et de façon innocente chez nous ces choses et cela depuis plusieurs années. Il a utilisé les choses comme les films, les shows télévisés, et la musique pour promouvoir son agenda.

Il savait que beaucoup n'auraient aucun problème avec en voyant les filles faire l'amour entre elles ou les garçons entre eux, alors c'est par là qu'il a commencé. Plus on donne l'espace à ces choses, plus elles deviennent sensuelles jusqu'au jour où le mariage homosexuel est devenu légal. Toute personne qui est en désaccord est immédiatement démonisée. Les enfants dont le cerveau est en plein développement peuvent désormais choisir le sexe qu'ils désirent. Ce qui était auparavant perçu comme un abus sur l'enfant est maintenant permissible.

Une autre illustration de l'influence satanique est quelque chose qui concerne la justice sociale. Beaucoup de gens dans le monde expérimentent ou ont déjà expérimenté l'injustice. Le prophète Michée, quand il écrit à propos de l'injustice, il dit : *"On t'a fait connaître, ô homme, ce qui est bien ; Et ce que l'Éternel demande de toi, C'est que tu pratiques la justice, Que tu aimes la miséricorde, Et que tu marches humblement avec ton Dieu"* (Michée 6 :8). En vérité, Dieu veut que nous puissions produire la justice dans le monde. Néanmoins, il y a une différence entre comment le monde produit la justice et comment Dieu exécute la justice. L'élément qui sépare la façon dont le monde amène la justice et comment Dieu le fait est la **Justice** et la **Vengeance.**

Ces deux termes peuvent être divisés en deux mots, *justice* et *rétribution*. La justice cherche l'équité pendant que la vengeance cherche la rétribution. C'est ici où le problème de la "justice" se pose dans le monde. Ce n'est pas centré sur l'évangile (la parole de Dieu), alors cela ne connecte pas avec la simple équité.

Le diable, qui est un opportuniste cherche de capitaliser sur la poursuite de la justice sociale dans le monde. Il fait ça incognito, alors il propage secrètement la vengeance et fait comme s'il s'agissait de la justice. Mais comme des chrétiens, nous devons savoir la différence. Paul, quand il écrit à propos de la vengeance, (il) dit : *"Ne vous vengez point vous-mêmes, bien-aimés, mais laissez agir la colère ; car il est écrit : A moi la vengeance, à moi la rétribution, dit le Seigneur"* (Romains 12 :19).

Qui dans les années 70 pouvait me croire si je disais qu'un jour la place la plus dangereuse pour un enfant serait le ventre de sa mère ? L'avortement n'est pas seulement légitime, actuellement beaucoup croient que c'est bénéfique. Encore, au même instant, nous blâmons Dieu pour les traitements (médical) pas encore découverts. Peut-être Dieu a déjà envoyé le traitement au travers d'un bébé qui pourra naitre, grandit puis découvrir le traitement, mais nous tuons le(s) bébé(s) par les avortements.

La bible dit :

"Voici, des fils sont un héritage de l'Éternel, Le fruit des entrailles est une récompense. Comme les flèches dans la main d'un guerrier, Ainsi sont les fils de la jeunesse. Heureux l'homme qui en a rempli son carquois ! Ils ne seront pas confus, Quand ils parleront avec des ennemis à la porte" (Psaumes 127 : 3-5).

Regardez à l'image poétique que David écrit dans ces psaumes quand il se réfère aux enfants comme des flèches, des armes. Une arme contre quoi ? L'ennemi ! On doit réaliser que chaque personne qui délivre (quoi que ce soit) devra être un bébé premièrement avant qu'il délivre les gens. Dieu envoie les moissonneurs pour moissonner le champ comme on prie (Matthieu 9 :35-38). Ces moissonneurs étaient une fois (des) bébés qui étaient permis de grandir pleinement dans leurs potentiels.

La bible de même dit :

"C'est toi qui as formé mes reins, Qui m'as tissé dans le sein de ma mère. Je te loue de ce que je suis une créature si merveilleuse. Tes œuvres sont admirables, Et mon âme le reconnaît bien. Mon corps n'était point caché devant toi, Lorsque j'ai été fait dans un lieu secret, Tissé dans les profondeurs de la terre. Quand je n'étais qu'une masse informe, tes yeux me voyaient ; Et sur ton livre étaient tous inscrits Les jours qui m'étaient destinés, Avant qu'aucun d'eux existât" (Psaumes 139 :13-16).

Ce que David a écrit dans Psaumes 139 ne pouvait être plus évident. Il parle de comment tous nos jours sont déjà écrits. En d'autres termes, Dieu a déjà établi la raison de notre existence. Les uns peuvent devenir docteurs, d'autres athlètes, mères, pères, auteurs, acteurs, présidents, rois, reines, et beaucoup plus ! Quand on tue un bébé, nous détruisons une arme contre tout ce qui est comme tempête qui viendra sur notre chemin.

Malgré le fait que ceci (ce que je dis) est fondé sur la Bible, beaucoup des chrétiens aujourd'hui ne sont pas d'accord tout simplement, surtout dans le monde occidental. Satan a déjà normalisé le meurtre des innocents. Réfléchissez un peu sur ce que je viens de dire. Il a normalisé le meurtre des bébés. Mais il ne s'est pas arrêté là.

Actuellement, les substances qui furent illégales sont devenues légales. On s'y réfère comme étant des drogues dites récréatives. Plus haut, nous avons parlé sur le fait d'être sobre-d 'esprit, mais comment peux-tu être sobre d'esprit si tu es drogué ? Comment facile serait-il pour Satan de tirer profit de toi quand ton esprit (ou intelligence) n'est pas sain ? Par conséquent, pourquoi être ivre c'est un péché. Je comprends l'argument des drogues dites médicinales, mais ici je parle de la normalisation des drogues dites récréatives.

Je pourrais écrire tout un livre sur les innombrables choses que Satan a déjà angéliquement insérées dans notre société. La liste est longue. Mais comment se rassure-t-on de ne pas être trompé par cet être angélique ? Je crois que la réponse se trouve dans Galates 1 quand Paul présente de quelle sorte doit être le vrai évangile.

En traitant avec les Judaïstes, (les juifs qui croyaient que la loi doit avoir la priorité sur l'évangile), Paul écrit :

"Je m'étonne que vous vous détourniez si promptement de celui qui vous a appelés par la grâce de Christ, pour passer à un autre Évangile. Non pas qu'il y ait un autre Évangile, mais il y a des gens qui vous troublent, et qui veulent renverser l'Évangile de Christ. Mais, quand nous-mêmes, quand un ange du ciel annoncerait un autre Évangile que celui que nous vous avons prêché, qu'il soit anathème ! Nous l'avons dit précédemment, et je le répète à cette heure : si quelqu'un vous annonce un autre Évangile que celui que vous avez reçu, qu'il soit anathème ! Et maintenant, est-ce la faveur des hommes que je

désire, ou celle de Dieu ? Est-ce que je cherche à plaire aux hommes ? Si je plaisais encore aux hommes, je ne serais pas serviteur de Christ"

(Galates 1 :6-10).

Paul ne réprimande pas gentiment l'église ; il a corrigé les fidèles de Galate avec véhémence. Il dit même, *"Mais même-si nous ou un ange venant du ciel devra vous prêcher un évangile contraire à ce que nous avons prêché, qu'il soit maudit."* La meilleure façon alors, de rester sur le bon chemin, c'est de rester vrai à l'évangile. Qu'est-ce que l'évangile ?

L'évangile est l'incarnation de Jésus-Christ. Sa mort et sa résurrection ! Ses paroles qu'il a laissés au travers de ses disciples enfin que l'on puisse obéir dans nos cœurs. Ceci n'est pas pour plaire aux gens ou suivre la foule. Il faut reconnaître qu'à la fin ceci ne sera pas quelque chose de populaire d'être amoureux de Jésus ; beaucoup suivrons la foule, et la foule conduira beaucoup à l'égarement.

Donc, Paul écrit *: " Et maintenant, est-ce la faveur des hommes que je désire, ou celle de Dieu ? Est-ce que je cherche à plaire aux hommes ? Si je plaisais encore aux hommes, je ne serais pas serviteur de Christ"* (Galates 1 :10). Paul savait que chercher l'approbation de l'homme est contraire à l'évangile. Satan aussi sait que s'il peut te pousser à avoir peur de ce que l'homme pense de toi ou bien de croire à ce que les gens disent sur toi, au lieu de la parole de Dieu, il a réussi à contrecarrer ta raison de vivre. Donc, il est important d'être au courant de sa nature accusatrice.

Questions de Discussion

1. Comment est-ce que Satan rend le bien à être le mal et le mal bien selon l'auteur ?

2. Selon l'auteur, quelles sont les tendances dans l'Occident que Satan a angéliquement introduites dans la société ?

3. Quelle est la différence entre la justice et la vengeance ?

4. Selon Psaume 127, quel symbole David utilise pour communiquer la valeur des enfants ? Selon Psaumes 139. Quand est-ce que la raison de vivre d'un enfant est formé et établit ?

5. Comment est-ce qu'un chrétien peut reconnaître et éviter les plans et tromperies des tactiques du diable en tant qu' "un ange de lumière?"

Chapitre Sept

(Le) Diable

Dans le passé, Je m'étais retrouvé perplexe par le fait que Satan a poussé le un-tiers des anges à se rebeller contre Dieu. Jean a écrit sur ça dans le livre d'Apocalypse (Révélations) quand il dit : *" Sa queue entraînait le tiers des étoiles du ciel, et les jetait sur la terre…"* (Apocalypse 12 :4a). *Un-tiers ! Considérer un peu combien des anges cela fait*. La Bible confirme qu'il y a beaucoup d'anges (innombrables), et Satan a poussé le tiers à se rebeller contre Dieu (Hébreux 12 :22). La partie la plus perplexe de cette situation réside dans le fait que ces anges, qui étaient dans la présence de Dieu et ont expérimenté les bontés de Dieu, malgré cela ils ont décidé de se détourner de Lui (Dieu).

Par conséquent, Je pense que ceci doit encourager tous chrétiens de véritablement discerner qu'est-ce que Satan a fait pour pousser ces anges à lui prêter. Surtout que selon la bible, le prochain évènement catastrophique est la grande chute. Quand il parlait à ses disciples, Jésus a dit ceci à propos de ce qui arrivera dans les derniers jours, *"Alors aussi plusieurs succomberont, et ils se trahiront, se haïront les uns les autres. Plusieurs faux prophètes s'élèveront, et ils séduiront beaucoup de gens"* (Matthieu 24 :10-11)

Après avoir cherché attentivement ce qui aurait fait que les anges suivent Satan et probablement qui pourrait causer la chute de beaucoup d'entre eux dans le futur. J'ai découvert que c'est dans son nom. Le nom de Satan veut dire "ennemi", mais le nom diable veut dire "calomnier, accuser faussement" dans la langue Grecque[xi]. Qu'il s'agisse du fait que ça crée de la peur ou prétend d'être un ami qui est toujours présent, l'ennemi de notre âme ne peut pas accomplir toute cette terreur ou sottise sans son pouvoir de calomniateur. C'est donc sa nature accusatrice qui est la plus hostile de tous ces attributs. Il porte ces accusations de trois manières : Premièrement, il accuse à Dieu ; deuxièmement, au travers des autres, et finalement en te poussant à te condamner (culpabiliser) toi-même.

Satan nous accuse faussement auprès de Dieu jour et nuit (Apocalypse 12 :10). Mais si tu es sauvé, tu devras vivre libre de ces accusations parce que Jésus est notre avocat. Comme c'est écrit dans 1 Jean :

"Mes petits-enfants, je vous écris ces choses, afin que vous ne péchiez point. Et si quelqu'un a péché, nous avons un avocat auprès du Père, Jésus Christ le juste. Il est lui-même une victime expiatoire pour nos péchés, non seulement pour les nôtres, mais aussi pour ceux du monde entier"

(1 Jean 2 :1-2).

Les versets qui précèdent 1 Jean 2, expliquent comment on doit admettre nos fautes et les confesser à Jésus pour qu'il puisse nous purifier de tout ce qui est injuste (1 Jean 1 : 8-10). Jean commence ce chapitre en disant, *"Mes petits-enfants, je vous écris ces choses pour que vous ne puissiez pas pécher"*. Il sait que dans le sang de Jésus, il y a une rémission complète de nos péchés. Selon ce verset, c'est possible au travers de Christ de ne plus marcher dans l'esclavagisme de notre nature pécheresse. Cependant, si tu pèches, c'est Jésus qui couvre tes péchés. Il est, *"l'expiation de nos péchés, et non pour nos péchés seulement mais aussi pour les péchés du monde entier"*. Par l'expiation, Jean indique que Jésus apaise la colère de Dieu à notre place ! Non pas seulement le nôtre, mais aussi pour le monde entier. Si vraiment il voit le besoin d'avoir Christ.

Une autre façon que Satan aime utiliser pour calomnier les gens est l'utilisation d'autres personnes. Je me souviens avoir vécu dans une petite ville à Montana (USA). Pendant que j'étais là-bas, j'ai réalisé que le problème numéro un était le commérage. Il n'y avait jamais un moment où quelqu'un ne parlait pas d'une autre personne de façon négative. Dans le monde, ceci est quelque chose à laquelle s'attendre parce que c'est le monde, mais le commérage dans cette ville avait déjà infiltré l'église.

Après plusieurs années que j'ai vécu dans cette ville, c'était devenu plus facile de me joindre à la conversation. Avant que je ne le sache, j'étais en train de *participer* au commérage. Une fois pendant que je parlais à une personne, ma femme a entendu (ce que je disais) elle m'a dit : *"Tu sais, tu ne peux pas continuer à calomnier les gens"*. J'aurais aimé dire que j'ai répondu vite, mais je mentirais. Après que mon tempérament s'est refroidi, je pourrais finalement ressentir la conviction du saint esprit. Je suis parti vers ma femme et je me suis excusé. Je lui ai demandé de m'apprendre comment être discret comme elle est. Elle m'a envoyé une prédication sur le commérage qui a littéralement fait peur à ma langue.

La personne parlait sur Jacques chapitre 3, qui explique pourquoi on avait besoin de brider nos langues. Je peux encore me rappeler en relisant ce passage que j'avais déjà lu plusieurs fois dans ma vie et être essoufflé parce que je voyais finalement. Ça paraissait que, malgré que je l'aie lu dans le passé, c'était juste une connaissance pour moi, et maintenant la parole a finalement pénétré mon Cœur. J'étais convaincu de mon péché et je me suis repenti.

S'il te plait, prend le temps de lire tout ceci et demande au Saint Esprit de brider ta langue.

"Nous bronchons tous de plusieurs manières. Si quelqu'un ne bronche point en paroles, c'est un homme parfait, capable de tenir tout son corps en bride. Si nous mettons le mors dans la bouche des chevaux pour qu'ils nous obéissent, nous dirigeons aussi leur corps tout entier. Voici, même les navires, qui sont si grands et que poussent des vents impétueux, sont dirigés par un très petit gouvernail, au gré du pilote. De même, la langue est un petit membre, et elle se vante de grandes choses. Voici, comme un petit feu peut embraser une grande forêt. La langue aussi est un feu ; c'est le monde de l'iniquité. La langue est placée parmi nos membres, souillant tout le corps, et enflammant le cours de la vie, étant elle-même enflammée par la géhenne. Toutes les espèces de bêtes et d'oiseaux, de reptiles et d'animaux marins, sont domptés et ont été domptés par la nature humaine ; mais la langue, aucun homme ne peut la dompter ; c'est un mal qu'on ne peut réprimer ; elle est pleine d'un venin mortel. Par elle nous bénissons le Seigneur notre Père, et par elle nous maudissons les hommes faits à l'image de Dieu. De la même bouche sortent la bénédiction et la malédiction. Il ne faut pas, mes frères, qu'il en soit ainsi. La source fait-elle jaillir par la même ouverture l'eau douce et l'eau amère ? Un figuier, mes frères, peut-il produire des olives, ou une vigne des figues ? De l'eau salée ne peut pas non plus produire de l'eau douce" (Jacques 3 :2-12).

Il y a beaucoup de choses qui sont poignantes pour tout chrétien que Jacques présente dans ce passage. Si l'on utilise nos langues pour parler à propos des autres, nous commençons à agir comme le diable. Nous accentuons le feu de la haine, la colère et l'offense. Proverbes dit que *: "Faute de bois, le feu s'éteint ; Et quand il n'y a point de rapporteur, la querelle s'apaise"* (Proverbes 26 :20). On ne devrait pas permettre à Satan d'utiliser nos langues comme une arme contre les autres et accentuer son agenda pour le mal.

La dernière façon que Satan utilise pour calomnier, c'est en pénétrant nos pensées. Il va utiliser soit les mauvaises paroles que les gens disent sur nous, ce qu'on a dit à propos de nous-même, ou bien ce que ses démons nous ont faussement accusés. Il va rejouer ces choses dans nos pensées comme "je suis un échec" dans l'espoir que nous allons croire en ça. En faisant cela, il espère que nous n'atteindrons jamais notre but.

Mais il y a de l'espoir ! La Bible dit : *"Par là nous connaîtrons que nous sommes de la vérité, et nous rassurerons nos cœurs devant lui ; car si notre cœur nous condamne, Dieu est plus grand que notre cœur, et il connaît toutes choses"* (1 Jean 3 :19-20). L'espoir se trouve dans le fait de savoir que, le bien ou le mal, nos cœurs devront être pesés avec justice par Dieu. Si nous sommes très dures avec nous-même, avec justice il sait, et si nous sommes trop cléments, il le sait aussi.

En conséquence, on n'a pas à recevoir le mal qui a été prononcé sur nous par d'autres personnes, nous-même, ou bien les forces sataniques car Dieu est notre juge. Ceci n'est en aucun cas une forme d'excuse pour ne pas être réprimandé. Ça nous rassure seulement que Dieu a le dernier mot, alors nous ne devons pas nous inquiéter à propos de ce que les autres pensent de nous. *"Il n'y a donc maintenant aucune condamnation pour ceux qui sont en Jésus Christ"* (Romains 8 :1).

Quand nous sommes informés à propos de la nature accusatrice de l'adversaire, on peut marcher comme des victorieux et aider les autres à marcher dans la victoire. Parce que l'ennemi n'aimera rien de plus que nous séparer du troupeau au travers de ses mensonges déguisés en vérités. Si nous pouvons garder la calomnie et la fausse accusation en dehors de l'église, nous allons prévaloir par l'unité. Parce que la plus grande force sur la terre, à côté du Saint Esprit, c'est une église unie !

Questions de Discussion

1. Quel pourcentage des anges que Satan a emporté avec lui dans sa rébellion ?

2. Qu'est-ce qui a étonné l'auteur à propos des anges qui ont suivi Satan ?

3. Qu'est-ce que le mot de « diable » signifie ? As-tu déjà agit de façon démoniaque (diabolique) ?

4. "Sans les bois le feu s'éteint ; sans commérage une dispute meurt" (Proverbes 26 : 20). Comment est-ce qu'une personne peut surmonter la calomnie et le commérage selon ce verset ?

5. Pourquoi est-ce que l'auteur croit que 1 Jean 3 : 19-20 est un verset qui donne l'espoir ? Comment est-ce que ceci est corrélatif à nos vies ?

Chapitre Huit

La Vérité Tordue sur L'Unité

Je crois qu'il y a une chose que l'ennemi a apprise au ciel qu'il utilise mieux que nous, c'est le concept de **l'unité**.

L'une des plus grandes révélations que j'ai reçue sur l'unité qui m'a été montrée pendant que je lisais la Bible à propos des esprit démoniaques. Je préparais une prédication que je devrais prêcher et je lisais Matthieu 12. Dans ce passage, Jésus commence à décrire ce qui se passe quand un démon quitte une personne. Jésus dit :

"Lorsque l'esprit impur est sorti d'un homme, il va par des lieux arides, cherchant du repos, et il n'en trouve point. Alors il dit : Je retournerai dans ma maison d'où je suis sorti ; et, quand il arrive, il la trouve vide, balayée et ornée. Il s'en va, et il prend avec lui sept autres esprits plus méchants que lui ; ils entrent dans la maison, s'y établissent, et la dernière condition de cet

homme est pire que la première. Il en sera de même pour cette génération méchante" (Matthieu 12 :43-45).

Cette prophétie a deux significations : l'une, parle d'Israël comme un tout, et la seconde, parle des individus.

Premièrement, voyons comment ceci s'appliquait à Israël. La maison symbolise Israël. Jésus est la personne qui nettoie la maison, même-si les gens n'ont pas cru en lui. Alors, la maison bien que nettoyée, a été laissée vide. Puisqu'elle est vide, quand l'ennemi réalise qu'il n'y a pas d'autres endroits où aller, il revient dans la maison. Il invite d'autres forces démoniaques et crée une grande forteresse que ce qu'il y avait auparavant. C'est exactement ce qui s'est passé avec Israël. Ils n'ont pas reçu Jésus, et ils ont participé à sa crucifixion. Quand Christ est parti, la nation est devenue même plus légaliste et religieuse qu'elle l'était avant l'arrivée de Jésus.

Individuellement, nos corps représentent une maison ou temple (1 Corinthiens 3 :16). Quand Jésus vient et nous guérit, nous devons lui permettre de prendre le contrôle de nos vies. Il ne peut pas seulement être le sauveur, Il doit être aussi le seigneur. Si l'on ne lui abandonne pas nos vies, l'ennemi reviendra pour se rassurer que nos vies soient plus emprisonnées qu'elles l'ont été avant. En d'autres termes, si tu souffres de n'importe quel type d'addiction et que Dieu te guérit de ça, si tu n'es pas disposé à lui donner le contrôle total de ta vie, alors il y a une grande chance que tu te retrouves non seulement dans cette addiction, mais tu t'y retrouveras plus profondément qu'auparavant.

Voir tout ceci quand je lisais la parole (de Dieu) c'était un encouragement pour moi comme je m'apprêtais à prêcher. Mais le Saint Esprit voulait me montrer quelque chose dans le texte en pleine vue que je ne pouvais voir. J'ai ressenti le besoin de relire le texte, et quand je l'ai fait, la partie sur les esprits démoniaques a beaucoup attiré mon attention.

Le démon a dit :

Alors il dit : Je retournerai dans ma maison d'où je suis sorti ; et, quand il arrive, il la trouve vide, balayée et ornée. Il s'en va, et il prend avec lui sept autres esprits plus méchants que lui ; ils entrent dans la maison, s'y établissent, et la dernière condition de cet homme est pire que la première..."

(Matthieu 12 :44-45).

Immédiatement après avoir lu cette fois-ci, le Saint Esprit m'a parlé et m'a dit : *"Comment est-ce que ces démons sont en train de montrer plus d'humilités que le corps du Christ !"* Etonné, je n'avais pas de réponse.

Mes yeux spirituels se sont ouverts même plus à ce texte, et j'ai commencé à noter comment le démon était très déterminé à accomplir son objectif, celui de détruire qu'il ne s'est pas soucié à propos d'être celui qui a conquis l'individu. Aussi longtemps que la personne a été conquise, il était satisfait. Même le texte l'a dit qu'il a eu sept autres démons, plus mauvais que le premier. Cependant combien des pasteurs sont prêts à aller vers une autre église et demander de l'aide pour conquérir une cité (ou ville) pour Jésus ? Comment est-ce que les démons sont plus unis contre nous dans la haine que nous sommes contre eux dans l'amour ? Ceci est la vérité tordue à propos de l'unité : qu'il s'agisse du bien ou du mal, l'unité accomplit beaucoup des choses !

Regardez l'histoire de la tour de Babel. Qu'est-ce que le texte dit à propos de leur unité ?

"Toute la terre avait une seule langue et les mêmes mots. Comme ils étaient partis de l'orient, ils trouvèrent une plaine au pays de Schinear, et ils y habitèrent. Ils se dirent l'un à l'autre : Allons ! faisons des briques, et cuisons-les au feu. Et la brique leur servit de pierre, et le bitume leur servit de ciment. Ils dirent encore : Allons ! bâtissons-nous une ville et une tour dont le sommet touche au ciel, et faisons-nous un nom, afin que nous ne soyons pas dispersés sur la face de toute la terre. L'Éternel descendit pour voir la ville et la tour que bâtissaient les fils des hommes. Et l'Éternel dit : Voici, ils forment un seul peuple et ont tous une même langue, et c'est là ce qu'ils ont entrepris; maintenant rien ne les empêcherait de faire tout ce qu'ils auraient projeté" (Genèse 11 :1-6).

Moïse a mentionné que tout ce peuple est un (unis) dans tous les sens. Ils étaient tellement unis que Dieu est descendu pour vérifier ce qu'ils faisaient. Qu'est-ce que Dieu dit quand il voit leur unité : *"L'Éternel descendit pour voir la ville et la tour que bâtissaient les fils des hommes. Et l'Éternel dit : Voici, ils forment un seul peuple et ont tous une même langue, et c'est là ce* qu'ils ont entrepris ; maintenant rien ne les empêcherait de faire tout ce qu'ils auraient projeté" (Genèse 11 :5-6).

Même-s'ils venaient contre Lui (l'Éternel), Dieu pointe le pouvoir de leur unité. Par conséquent, Dieu dit, rien ne leur sera impossible !

L'unité accomplit l'impossible ! Leur unique problème était qu'ils étaient méchants et la Bible dit : *"Ce que redoute le méchant, c'est ce qui lui arrive ; Et ce que désirent les justes leur est accordé"* (Proverbes 10 :24). Ce qu'ils redoutaient était d'être dispersés, et c'est ce qui est exactement arrivé. Dieu les a dispersés, et Dieu leur a donné différentes cultures quand Il a changé leurs langues. Aussi longtemps qu'ils pouvaient continuer ensemble, ils étaient en mesure de construire cette tour. On peut beaucoup apprendre de leur unité.

Sais-tu que l'unité est ce que Dieu désire ? C'est dans son nom ! *Elohim* est au pluriel et le singulier est *Eloah.* Tout au long de la Bible, on se réfère à Dieu comme "אלהים (Elohim)". Même dans la première ligne de la Bible (en Hébreux), le nom de Dieu est au pluriel (Elohim). Ceci est fascinant parce que Dieu est un (qui est seul), ce pendant son nom est au pluriel. Le "ים ēm" à la fin du nom rend le nom Masculin Pluriel. Pour moi, il n'y a pas plus d'évident exemple de la trinité dans la Bible que ceci. Il est Elohim !

Quand il a créé l'Homme, il a dit :

"Puis Dieu dit : Faisons l'homme à notre image, selon notre ressemblance, et qu'il domine sur les poissons de la mer, sur les oiseaux du ciel, sur le bétail, sur toute la terre, et sur tous les reptiles qui rampent sur la terre"

(Genèse 1 :26).

Remarquez comment Dieu ne révèle pas ce détail intime sur lui, être un Dieu trinitaire jusqu'à ce qu'il a créé l'Homme. Avant ce verset, la création du monde était simplement dite être créée par Dieu. Quand ça revient au point de créer l'Homme, Dieu dit : *"Faisons l'homme à notre image, selon notre ressemblance"* (Avec insistance).

Nous avons été créés par Dieu qui a toujours été en unité. Père, Fils, et Saint Esprit. C'est juste convenable à nous de refléter sa nature. On doit s'unir comme un seul homme ! Il y a plusieurs versets qui insistent sur l'importance de l'unité. Dieu ne cherche pas seulement un individu parce qu'il est unique. Il cherche un individu pour qu'ils puissent conduire une nation vers Lui. Il parle du peuple dans son ensemble.

Est-ce que tu t'es déjà retrouvé frustré que tes prières ne sont pas encore exaucées ? Depuis combien de temps attends-tu ? Un mois ? Dix ans ? 70 ans ? Et si tu devais attendre pour 2 000 ans ? Jésus a prié pour nous pour que nous nous réunissions (ou vivre ensemble), et Il attend qu'on réponde.

La première fois que Dieu leur a donné une nouvelle langue, ils étaient confus et éparpillés. La seconde fois ils étaient fusionnés et rassemblés. Un jour vient quand Dieu va déverser son Esprit encore une fois, et nous

expérimenterons un mouvement de Dieu comme jamais vu auparavant.

Questions de Discussion

1. Selon l'auteur, quelles sont les deux significations de la prophétie que l'on trouve dans le livre de Matthieu 12 : 43-45 ?

2. Quelle est la vérité tordue à propos de l'unité ?

3. Qu'est-ce que le Saint Esprit a révélé à l'auteur à propos des démons et de l'unité ?

4. Pour combien de temps que Jésus prie pour que l'on soit uni ? Comment est-ce que les chrétiens répondent à cette prière ?

5. Quelle est la comparaison entre la tour de Babel dans Genèse 11 et la chambre haute dans Actes 2 ?

Chapitre Neuf

Grâce et Vérité

La lumière ne fuit jamais les ténèbres. Tu ne peux pas trouver une chambre assez noire pour y cacher la Lumière. Peu importe combien obscure cela peut paraître, peu importe combien difficile le diable essaie de gagner, à la fin il va échouer. Nous, les chrétiens menons une bataille gagnante !

Nous n'avons pas à avoir peur de Satan parce que la Parole de Dieu dit : *"La crainte n'est pas dans l'amour, mais l'amour parfait bannit la crainte ; car la crainte suppose un châtiment, et celui qui craint n'est pas parfait dans l'amour"* (1 Jean 4 :18). L'amour de Dieu envers nous est parfait, et c'est cet amour qu'Il a richement versé en nous au travers son Fils qui fait que nous n'ayons pas peur (Romains 5 :5).

Une autre façon de surmonter la déception de Satan c'est en demeurant en Jésus.

"Demeurez en moi, et je demeurerai en vous. Comme le sarment ne peut de lui-même porter du fruit, s'il ne demeure attaché au cep, ainsi vous ne le pouvez non plus, si vous ne demeurez en moi. Je suis le cep, vous êtes les sarments. Celui qui demeure en moi et en qui je demeure porte beaucoup de fruit, car sans moi vous ne pouvez rien faire. Si quelqu'un ne demeure pas en moi, il est jeté dehors, comme le sarment, et il sèche ; puis on ramasse les sarments, on les jette au feu, et ils brûlent. Si vous demeurez en moi, et que mes paroles demeurent en vous, demandez ce que vous voudrez, et cela vous sera accordé. Si vous portez beaucoup de fruit, c'est ainsi que mon Père sera glorifié, et que vous serez mes disciples" (Jean 15 : 4-8).

Comment demeurons-nous en lui ? C'est en passant du temps avec lui dans la prière. Demandant le Saint Esprit d'être avec nous et nous apprendre ses voies. En lisant sa parole et en méditant sur qui il est. La vérité va toujours prévaloir !

Ce que j'ai réalisé est que peu importe combien intimidantes les choses pourraient apparaitre, il n'y a rien d'impossible pour Dieu. Un jour le diable sera mis à côté pour toujours ! La Bible explique que :

"Et le diable, qui les séduisait, fut jeté dans l'étang de feu et de soufre, où sont la bête et le faux prophète. Et ils seront tourmentés jour et nuit, aux siècles des siècles" (Apocalypse 20 :10).

Il y a une fin qui vient pour Satan, il a déjà été jugé, et son temps est révolu. En tant que chrétiens, il ne faut pas s'endormir. On doit réaliser que ni la vision du monde oriental ou occidental ne peut surmonter le travail de l'ennemi par lui-même. Il doit y avoir une collision de vision.

Pendant que je grandissais, Je partais de temps en temps dans les églises congolaises. C'était dans ces églises où j'ai vu le pouvoir de Dieu en mouvement pour la première fois. Leur focus était toujours sur la vérité de Dieu. J'étais une fois invité à une église <u>américaine</u>, et là j'ai appris à propos de Dieu de grâce. Le focus dans l'église américaine était la grâce. Il y a mariage de grâce et vérité. La Bible dit : *"Car la loi a été donnée par Moïse, la grâce et la vérité sont venues par Jésus Christ"* (Jean 1 :17). Jésus n'a jamais eu de ces attributs éclipsant l'autre, Il a toujours fait toute chose de façon balancée. Il était plein des deux choses la grâce et la vérité.

Beaucoup d'églises font impression de toujours se reposer sur l'un de ces attributs de Jésus. Certaines églises sont focalisées sur la vérité qu'elles tombent victimes du légalisme. Elles deviennent trop religieuses faisant tomber de nombreuses personnes en disgrâce parce qu'elles commencent à croire que le ciel est gagné au lieu d'être (quelque chose qui nous a été) accordé. Les églises qui ont plus une compréhension et une vision influencée par le monde oriental, une vision peu démocratique, qui a tendance à tomber facilement dans le légalisme. Ceci est vérifié en partie au travers de combien le diable les attaque. Il essaye de leur amener la terreur à chaque fois, et parfois en les persécutant physiquement. Ce genre de tension peut causer un style de vie stricte, c'est pratiquement une question de vie ou de mort.

D'un autre côté, nous avons les églises qui prêchent la grâce. Ceci amène beaucoup de personnes de transformer la grâce en une sensualité, qui amène les gens à négliger le sacrifice de Christ. Satan vient comme un ange de Lumière, diluant l'évangile il pacifie les chrétiens avec des expériences hédonistiques et des faux sens de confort, créant une expérience dormante et peu profonde pour le peuple de Dieu.

Un exemple typique c'est dans les séries du livre « *Harry Potter* ». Je n'ai jamais connu un chrétien d'origine africaine qui voudra le lire. Pourquoi ? Parce que les rencontres avec les docteurs sorciers et les répercussions au détriment de la sorcellerie et Voodoo sont constantes (ou vrai). En revanche, beaucoup de chrétiens en Amérique ne voient aucun mal en lisant ces séries (de livre) ou regardant les films. Pour beaucoup d'entre eux, la sorcellerie c'est quelque chose à propos de laquelle tu peux lire, un phénomène lointain que tu ne vois pas chaque jour. Termes comme "bon sorcier" font impression d'enlever le mal en dehors de cette action.

En vérité, on doit fusionner nos pensées. On doit soumettre notre compréhension du monde à Christ pour que nous ne puissions pas être déjoué par Satan. Les églises doivent s'unir ensemble (les deux de l'Est et l'Ouest) en s'humiliant pour apprendre les unes des autres. Quand ceci arrivera, la tactique de la peur du diable ne va pas marcher et son identité sera exposée.

Questions de Discussion

1. Devons-nous craindre Satan ?

2. Quelle méthode est discutée dans ce chapitre pour surmonter la déception de Satan ?

3. Selon l'auteur, que doit-il prendre place avec la vision orientale et occidentale ?

4. Quel type de mariage dont l'auteur parle-t-il ?

5. Selon l'auteur, comment est-ce que les gens maltraitent (abusent) la grâce et la vérité ?

Chapitre dix

La Destination Finale de Satan

(Poème)

Dans les derniers jours l'homme va chercher sa propre gloire, et la déception sera enracinée dès le commencement.

Une nation s'élèvera contre une (autre) nation, tout sur parole des sociétés des médias et les politiciens.

Des combats éclateront entre les asiatiques, noirs, bruns, et caucasiens.

Les catastrophes naturelles sont imminentes ; les tremblements de terre et pestes font acte de seulement peu d'évidence.

On en a déjà vu certaines, regardez la *Covid*

Beaucoup diront, *"Voici la porte"*.

Rumeur des guerres.

Tout est écrit dans Matthieu 24.

Mais il y a encore plus.

Ce que je viens de dire peut-être vu comme contradictoire.

L'ennemi va utiliser plusieurs distractions.

Les gens diront qu'ils aiment, cependant sans actions.

L'humanité deviendra même plus malicieuse, surtout ceux qui sont trop

religieux.

L'abstinence sera remplacée par la tolérance.

"Paix, paix," ils diront, mais la destruction viendra sur leur chemin,

soudainement en un jour.

Beaucoup tomberont.

La persécution va augmenter, la loi va diminuer, le pardon sera mort.

Les mauvaises intentions seront mentionnées et sanctionnées.

Au milieu du chaos, une personne se lèvera pour nous sauver,

Il va utiliser tout pour gagner, même les différentes nuances dans notre

mélanine – ce qui veut dire la couleur de notre peau mon ami.

Ces paroles, le monde y a cru ; tu es déjà déçu.

Les mensonges seront respirés, l'esprit sera attristé.

Il proclamera : "la haine est finie" et va nous encourager de marcher comme un.

Pas besoin de ton arme, l'amour est déjà arrivé.

Les foules suivront cette nouvelle vision et seront persuadées dans une seule religion (mondiale).

Ils vont le suivre, croyant qu'il est venu du ciel.

Il va les amener avec joie dans un seul gouvernement mondial.

Ses vraies motivations seront cachées, pour qu'il puisse accomplir ce qui a été déjà écrit.

En lui sera Satan.

Parce que le monde est cupide, pour une durée de 7 ans ils vont signer son traité.

Tous le verront sur leurs dispositifs et télés.

Vers la moitié de son parcours la paix sera courte, il pensera qu'il est un dieu, en quelque sorte.

Mais les juifs vont finalement réalisés qu'il s'agit des mensonges.

Avec le mal dans ses yeux, il va chercher leur disparition.

Les morts en Christ seront ressuscités, les chrétiens seront enlevés avec eux dans les cieux.

Un moment de silence au ciel…….

La terre est remplie de défis et violences.

À une époque, nous avons pensé qu'on était des dieux et avions adoptés la position de rébellion.

Prend la marque, c'est l'unique chance (option).

Prend ça, et tu peux toujours jouer et danser.

"Oui," diront ceux qui n'ont pas d'endurance ; avec ça ira leurs assurances.

Rempli de la confiance de soi, ils ont pris des mauvais chemins, avec l'espoir d'avoir le dernier sourire.

En lieu, ils ont reçu la turbulence et la colère de Dieu.

La terre a été plongée dans un bain de feu.

Dans un moment, les cieux vont s'ouvrir, tous verront celui en qui les chrétiens placent leurs espoirs.

Venant avec dix milles de ses saints pour mettre en retenue ceux qui ont vécu une vie qui a teintée.

Le monde sera dans un seul accord, mais Il va utiliser la parole comme une épée et démonter tous ceux vers qui il marcherait.

Ces pieds toucheront la montagne et elle se fendra.

Il est roi et seigneur ; tous devront l'admettre.

Il va régner avec un sceptre de fer, et tous devront se soumettre.

Et le diable sera jeté dans un trou.

Ceci est appelé le règne de 1 000 ans.

Prie et crois que tu puisses être l'un des entrants.

Après les 1 000 ans, le diable sera relâché encore pour tester les cœurs des Hommes. Cette partie, je ne comprends pas. Il va rassembler pour lui-même une armée aussi nombreuse que du sable. Comment est-ce qu'une personne peut trahir le Fils de l'Homme ? Au plus profond du cœur des Hommes.

Cette fois-ci, le feu viendra et consumera tous ceux qui ont marchés contre la couronne.

Peu des gens disent que tout ceci prendra place c'est juste un anéantissement complet. Que diriez-vous de la condamnation éternelle ?

Pour tous ceux qui se sont rebellés, tous ceux qui sont en enfer viendront devant le trône du jugement de Dieu. Ils grinceront les dents. Je doute que les gens seront encore sur leurs pieds. Parce qu'ils n'ont pas voulu l'unique

désire qui aurait dû les élever. En lieu, ils ont choisi le père de mensonge.

A présent ils seront jetés dans le lac de feu.

Après ça vient une nouvelle terre, une nouvelle naissance.

Plus aucun pleur, plus aucune douleur, pas des années au compteur

(calendaire).

Tout changera mais restera soutenu par une chose que rien ne peut

contenir.

Dans cet endroit, nous serons en mesure de voir la face de Dieu, un

bonheur ultime !

Rien ne manquera jamais parce que nous saurons que nous lui

appartenons !

Bibliography

[1](n.d.). Retrieved July 02, 2020, from https://biblehub.com/greek/3180.htm

[2]Answers in Genesis. (n.d.). Retrieved July 02, 2020, from https://answersingenesis.org/

[3]Abarim Publications. (n.d.). The amazing name Gabriel: Meaning and etymology. Retrieved July 02, 2020, from https://www.abarim-publications.com/Meaning/Gabriel.html

[4]Apologetics Press: Christian Evidences |. (n.d.). Retrieved July 02, 2020, from http://www.apologeticspress.org/

[5]Ethbaal Definition and Meaning - Bible Dictionary. (n.d.). Retrieved July 02, 2020, from https://www.biblestudytools.com/dictionary/ethbaal/

[6]Ezekiel Chapter 28. (2019, May 06). Retrieved July 02, 2020, from https://enduringword.com/bible-commentary/ezekiel-28/

[7]Daniel Chapter 4. (2018, June 21). Retrieved July 02, 2020, from https://enduringword.com/bible-commentary/daniel-4/

[8]Day-Star Definition and Meaning - Bible Dictionary. (n.d.). Retrieved July 02, 2020, from https://www.biblestudytools.com/dictionary/day-star/

[9]Isaiah Chapter 14. (2018, June 21). Retrieved July 02, 2020, from https://enduringword.com/bible-commentary/isaiah-14/

[10]The First Persecution, Under Nero, A.D. 67 - Fox's Book of Martyrs. (n.d.). Retrieved July 02, 2020, from https://www.biblestudytools.com/history/foxs-book-of-martyrs/the-first-persecution-under-nero-a-d-67.html

[11](n.d.). Retrieved July 02, 2020, from https://biblehub.com/greek/1228.htm

www.ingramcontent.com/pod-product-compliance
Lightning Source LLC
Chambersburg PA
CBHW081551040426
42448CB00016B/3290